Inhalt

Erde

Eine Handvoll Erde 6

Fleißige Maulwürfe 8

Zaubermatsche 10

Regenwurm Winni 12

Ein kunterbuntes Erdenkleid 14

In Bauer Beckmanns Garten 16

Im Bauch der Erde 18

Luft

Auf Vogels Schwingen 20

Ein kleiner Wirbelwind 22

Mit dem Wolkenschiff unterwegs 24

Vorhang auf für Lilli Luftig 26

Tief durchatmen! 28

Immer der Nase nach 30

Wasser

Der kleine Wassermann 32

Hurra, es regnet! 34

Wer blubbert da? 36

Eine Wellen-Wasserreise 38

Tröpfeln, Plätschern, Fließen 40

Gefrorenes Wasser 42

Auf dem Wasser bin ich zu Hause 44

Feuer

Sonnenfeuer 46

Vom Schatten- und Regenbogenland 48

Der Spuk und sein Ende 50

Feuer und Flamme 52

Der Feuerdrache Nepomuk 54

Von Lichtern und Laternen 56

Vorwort

Die vier Elemente bieten der kindlichen Fantasie, ihrer Entdeckungsfreude und dem Spaß am Spiel reichlich Nahrung. Wenn Kinder mit wachen Sinnen der Luft, dem Wasser, dem Feuer und der Erde begegnen, spüren sie etwas von der geheimnisvollen Kraft und dem Zauber, der von den Elementen ausgeht. In unserer Zeit, die durch den Einfluss von Fernsehen, Computer und virtuellen Welten zunehmend künstlicher und unsinnlicher geworden ist, brauchen Kinder zum Ausgleich genügend Raum und Zeit für elementare Erfahrungen: Wind in den Haaren, Wasser zum Anfassen, Planschen und Spielen, Feuer in Form von Sonne, Licht und Wärme und Erde zwischen den Händen und unter den Füßen. Im sinnlichen Spielen und Gestalten mit den Elementen öffnen sich den Kindern fantastische Welten.

Gerade zwischen dem zweiten und dem fünften Lebensjahr durchleben Kinder eine magische Phase. Sie sind überzeugt davon, dass jedes Ding, jede Pflanze und jedes Tier eine Seele hat und lebendig ist. Sichtbares und Unsichtbares ist für sie in gleicher Weise Realität. Wie auf einem fliegenden Teppich segeln sie durch das Reich der Fantasie und kommen dabei den Urkräften der Elemente ganz nah. Wenn sich Fantasie, Wissen und Realität gegenseitig ergänzen dürfen, werden in unseren Kindern schöpferische Kräfte wach, die sie zu selbstständigen und tatkräftigen Menschen heranreifen lassen.

Die Spiele und Bastelanregungen in diesem Buch laden dazu ein, das Geheimnisvolle und Besondere der Elemente Erde, Wasser, Luft und Feuer zu entdecken. Wir wünschen Ihnen einen erlebnisreichen Ausflug in die Welt der Elemente.

Eine Handvoll Erde

Erdhügelspringen

In den unendlichen Weiten und Tiefen des braunen Erdreiches regiert Kalle Wusel, der König der Erdmännchen. Das Volk der Erdmännchen sorgt unermüdlich dafür, dass die Wurzeln der Bäume, Pflanzen und Blumen gesund und kräftig sind. Außerdem hegen und pflegen die Erdmännchen die Tiere, die im Erdreich wohnen. Gemeinsam mit ihnen gehen wir auf eine erdige Entdeckungsreise.

Ein Lieblingsspiel der Erdmännchenkinder ist das ausgelassene Springen in Erde- und Sandbergen. Die Kinder schichten Erde oder Sand zu mehreren kleinen Hügeln auf. In kurzen Abständen ordnen sie sie nebeneinander in einer Reihe, als Schlangenlinie oder im Kreis an. Nacheinander springen die Kinder nun von Hügel zu Hügel, bis ihre Erdhügel ganz platt geworden sind und sie wieder neue aufschichten müssen.

Wie Tiere sich bewegen

Die Erdmännchenkinder haben sehr genau beobachtet, wie sich die vielen Tiere bewegen, die in und auf der Erde leben. Und das spielen sie jetzt nach.

Die Kinder bilden einen großen Kreis. Gemeinsam wird überlegt, welche Tierbewegungen die Kinder gut nachahmen können. Sie stampfen z. B. auf die Erde wie ein Elefant. Sie trippeln über die Erde wie eine Maus. Sie scharren in der Erde wie die Hühner. Sie wälzen sich auf der Erde wie ein Schwein. Sie bohren ihre Finger in die Erde als wären sie ein Regenwurm. Sie galoppieren über die Erde wie ein Pferd. Sie buddeln mit ihren Händen ein Loch in die Erde wie der Maulwurf. Welche Tierbewegungen können noch nachgeahmt werden?

Erdbewohner

Man braucht:
- Kartoffeln
- Zahnstocher
- Schere
- Perlen
- Krepppapier
- Goldfolie
- Stecknadeln
- Messer

Man steckt jeweils zwei Kartoffeln zu Figuren zusammen. Füße aus Kartoffelhälften lassen sich mit Stecknadeln oder Zahnstochern an den Körpern befestigen. Die Figuren mit Kleidern aus Krepppapier und mit Kronen aus Goldfolie verkleiden.

Fleißige Maulwürfe

Grabpfötchen, der Maulwurf

Aus einem erdigen Maulwurfshaus
schaut ein pelzig brauner Kopf heraus.
Er gehört Grabpfötchen, der Maulwurfsfrau,
sie buddelt gerade 'nen neuen Bau.
Grabpfötchen liebt das Graben und Wühlen,
die feuchte Erde an der Nase zu fühlen.
Ins Dunkel der Erde verschwindet sie schnell,
hier draußen ist es ihr einfach zu hell!

Gänge graben

Maulwürfe sind unermüdliche Wühler im Dunkel der Erde. Innerhalb kürzester Zeit gelingt es ihnen, eine ganze Wiese zu untergraben und viele Maulwurfshügel aufzuwerfen.

Die Kinder schichten gemeinsam einen großen Erde- oder Sandberg auf. Eventuell müssen sie Wasser hinzufügen, damit der Berg auch wirklich stabil ist. Dann verteilen sie sich um den Berg herum und graben mit ihren Händen Tunnel und Gänge hinein. In der Mitte des Berges sollen sich möglichst viele Gänge treffen. Dann tasten sich die „Maulwurfspfoten" vorsichtig in einem der Gänge vorwärts und versuchen, eine andere „Maulwurfspfote" zu berühren. Wem mag sie wohl gehören?

Maulwurfsball

Wenn Maulwürfe ihre Gänge graben, befördern sie eine große Menge lockere Erde aus ihrem Loch. Wir werfen uns bei diesem Spiel ein Säckchen Erde zu. Dazu werden zwei Mannschaften mit mindestens fünf Kindern gebildet. Das Spielfeld teilen wir in der Mitte mit einer Decke, die wir z. B. zwischen zwei Bäumen spannen. Sie muss bis auf den Boden reichen, damit sich die gegnerischen Maulwürfe nicht sehen können. Dann kann es losgehen. Das Erdesäckchen fliegt hin und her im hohen Bogen über die Decke und die Maulwurfkinder versuchen, es zu fangen. Das ist gar nicht so einfach, wenn sie nicht sehen können, aus welcher Richtung das Säckchen geflogen kommt. Daher müssen die Maulwürfe ihren Wurf ankündigen, indem sie rufen: „Achtung, Erde!" Für jedes gefangene Erdesäckchen gibt es einen Punkt.

Maulwürfe

Man braucht:
- schwarze Wolle
- Nadel und Faden
- Holzperlen
- Filz

Aus der Wolle wird ein lockeres Knäuel gebunden, das Fadenende wird vernäht. Aus dem Filz werden die Pfoten zugeschnitten und dann an den Körper genäht. Eine rosafarbene Perle als Schnauze und zwei schwarze Perlen als Augen annähen.

Man kann auch einen Maulwurf aus Tonkarton ausschneiden und in einen kleinen, mit Erde gefüllten Blumentopf stecken.

Zaubermatsche

Nanu, was ist denn das?

Der Zauberlehrling Schwuppdiwupp besucht die Zauberschule in Matschhausen. Er muss noch vieles lernen und schaut deshalb heute seinem Zaubermeister zu.

Wir setzen uns im Kreis um einen Tisch oder auf den Boden und legen einen Klumpen Ton in die Mitte. In einem Korb liegen verschiedene Dinge bereit, z. B. Steine, Zapfen, Eicheln, Äste, Rinde etc. Die Kinder schauen sich genau an, was im Korb liegt. Dann schließen sie die Augen, während ein Kind, der Zaubermeister, etwas in den Ton drückt. Dazu sprechen alle gemeinsam: Hokus-po-kus xan-ti-mon, pun-ta fan-ta xy-lo-phon, ge-heim-nis-vol-le Spur im Ton! Die Kinder öffnen ihre Augen wieder und versuchen zu erraten, von welchem Gegenstand der Abdruck im Ton stammt.

Zauberstab

Man braucht:
- langen Holzstab
- festen Karton
- Glitzerfolien
- Schere, Klebstoff

Aus dem Karton einen Stern ausschneiden, mit Glitzerfolie bekleben und an den Stab kleben. Mit diesem Stab die Zaubermatsche umrühren.

Erdige Botschaften

Heute probiert Schwuppdiwupp in seiner Klasse aus, wie man als Matschzauberer geheimnisvolle Spuren hinterlassen kann. Auf einem Tisch stehen alle Materialien zum Spurenmalen bereit: weicher, streichfähiger Ton- oder Erdebrei, dicke Pinsel, Schwämme und Packpapierbögen. Die Kinder werden zu Matschzauberern. Sie bestreichen ihre Schuhsohlen oder die nackten Füße mit Erdebrei und laufen dann über das Papier. Dabei legt jeder für sich einen Weg oder eine Spur an. Es entstehen Überschneidungen und Kreuzungen, ein Gewirr von vielen verschiedenen Spuren. Wenn alle Spuren getrocknet sind, versuchen die Matschzauberer den Spuren nachzugehen und vielleicht gelingt es ihnen auch zu erraten, von welchen Schuhen oder Füßen die Spuren stammen.

Räuchermännchen

Man braucht:
- Fimo (lufttrocknend), oder Ton
- Messer
- Löffel

Aus Ton oder Fimo eine Walze formen und einen Kopf herausmodellieren. Die Form genau in der Mitte durchschneiden und mit dem Löffel so weit aushöhlen, dass noch ein 1 cm dicker Rand stehen bleibt. Dann die Teile wieder zusammenfügen. Jetzt noch ein Loch für den Mund hineinbohren. Arme, Beine und Hüte modellieren und alles trocknen lassen.

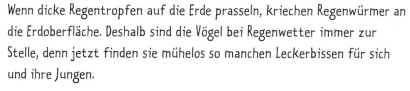

Regenwurm Winni

Winni, komm aus deinem Loch!

Wenn dicke Regentropfen auf die Erde prasseln, kriechen Regenwürmer an die Erdoberfläche. Deshalb sind die Vögel bei Regenwetter immer zur Stelle, denn jetzt finden sie mühelos so manchen Leckerbissen für sich und ihre Jungen.

Mit einem Seil oder Steinen legen wir ins Spielfeld ein Regenwurmloch. Dort setzen sich drei Kinder hinein, sie sind Regenwürmer. Am Spielfeldrand steht ein weiteres Kind. Es spielt eine hungrige Amsel. Wenn sie kräftig auf den Boden trommelt oder zwei Steine aneinander schlägt, beginnt es zu regnen und die Regenwürmer müssen ihr Loch verlassen und sich am Spielfeldrand in Sicherheit bringen. Beim Trommeln ruft die Amsel: „Regenwurm, komm aus dem Loch, Regenwurm ich krieg dich doch!" Dann versucht sie, einen der Regenwürmer zu erwischen. Gelingt ihr das, beginnt das Spiel von neuem.

Regenwurm-Wettrennen

Im feuchten Erdreich fühlen sich Winni, der Regenwurm, und seine Freunde sehr wohl. Unermüdlich kriechen sie umher und lockern dabei den Erdboden kräftig auf.

Die Kinder bilden zwei Gruppen. Alle Kinder einer Gruppe werden zum Regenwurm und suchen sich einen Regenwurmnamen aus. An der Startlinie stellen sie sich in einer Reihe hintereinander auf und gehen dann in den Vierfüßlerstand. Damit ein langer Wurm entsteht, hält sich jedes Kind an den Fußgelenken des Vordermannes fest. Dann kann es losgehen. Welcher Regenwurm kriecht als Erster ins Ziel?

Winni, der Regenwurm

Man braucht:
- braune Pfeifenreiniger
- Holzperle
- Filzstifte
- braunen Karton
- Locher

In den braunen Karton werden ganz viele Löcher gestanzt. Auf den Pfeifenreiniger wird die Holzperle gesteckt. Sie bekommt ein Gesicht aufgemalt. Dann wird Winni durch die Löcher im Karton gesteckt.
Man kann mit Winni spielen: Durch wie viele Löcher krabbelt Winni in welcher Zeit?

Ein kunterbuntes Erdenkleid

Elfenzauber

Eine bunte Blumenwiese ist das Reich der Elfen. Wer sich an einem schönen, sonnigen Tag ganz still auf eine bunte Blumenwiese setzt, kann sie vielleicht zu einem fröhlichen Lied tanzen sehen.

Elfenlied

(Melodie: Ein Männlein steht im Walde)
Auf kunterbunten Wiesen im Sonnenschein
da tanzen kleine Elfen den Blumenringelreih'n.
Hüpfen fröhlich Hand in Hand,
Blüten schmücken ihr Gewand,
drehen sich und springen durchs Elfenland.

Die Kinder pflücken Löwenzahn- oder Gänseblümchenblüten und stecken sie sich zwischen ihre nackten Zehen. Gemeinsam tanzen, hüpfen und springen sie über die Wiese, während das Elfenlied gesungen wird. Wer seine Blüten am längsten zwischen den Zehen halten kann, wird Elfenprinzessin oder Elfenprinz.

Versteckt!

Den ganzen Tag haben die Elfenkinder auf der Wiese gespielt. Nun ist es Abend geworden und bald wird die Sonne untergehen. Die Elfeneltern haben schon zum Abendessen gerufen. Aber zuerst müssen die Spielsachen noch eingesammelt werden, die über die ganze Wiese verstreut sind! In einer bunten Blumenwiese werden kleine Spielzeuge versteckt, z. B. Duplosteine, kleine Tiere, Bälle, Stifte, Tücher. Die Kinder bilden Paare. Immer zwei Paare laufen anschließend mit einem Korb über die Wiese und versuchen, möglichst viele Spielsachen zu entdecken. Welches Paar wird Sammelkönig?

Blumenelfe

Man braucht:
- Holzstäbchen
- Wattekugel
- grünen Tüll
- Filzstifte
- Papier
- Klebstoff

Über das Holzstäbchen den Tüll drapieren und darüber die Wattekugel stecken. Der Wattekugel ein Gesicht aufmalen und eine Blüte aus Papier auf den Kopf kleben. In den Tüll kann man noch Gänseblümchen oder Löwenzahnblüten stecken, bevor man die Elfe in ein Blumenbeet steckt.

Löwenzahn-Löwe

Man braucht:
- Löwenzahnblüte
- Korken
- Streichhölzer
- Stecknadeln

Die Löwenzahnblüte mit der Stecknadel auf den Korken stecken. Streichholzbeine seitlich in den Korken stecken. Das Löwengesicht mit ein paar Blüten gestalten.

In Bauer Beckmanns Garten

Bauer Beckmanns Rüben

Zu Bauer Beckmanns Bauernhof gehört ein großer Gemüsegarten mit Beeten voller Salat, Tomaten, Zwiebeln und Kohl. Nur seine Rüben wollen in diesem Jahr nicht so richtig wachsen.

Alle Kinder stehen in einem großen, abgegrenzten Spielfeld. Auf dem Boden wird neben dem Spielfeld mit Stöcken ein Rübenbeet markiert. Ein Kind spielt den Bauern Beckmann. Alle anderen rufen folgenden Spruch:

Bauer Beckmann, deine Rüben
sind ja winzig klein geblieben.
Wachsen schlecht in deinem Garten,
musst auf größre Rüben warten!

Dann laufen sie schnell davon, damit der Bauer sie nicht erwischt, sie dürfen aber das Spielfeld nicht verlassen. Jedes Kind, das der Bauer Beckmann fängt, wird zu einer Rübe und muss sich ins Beet hocken.

Gemüsetheater

Mit Stoffresten, Papier, Wolle und verschiedenfarbigen Bändern schmücken die Kinder verschiedene Gemüsesorten, geben ihnen lustige Namen und spielen mit ihnen. Zum Abschluss des Gemüsetheaters kann eine leckere Gemüsesuppe gekocht werden.

Fürs Gemüsetheater lassen sich die Kinder lustige Verse einfallen, z. B.:

Die Lauchfrau Henriette schmückt sich mit einer Kette.
Sie tanzt hoch auf den Zehen und ihre Röcke wehen.

Ein knolliger Kartoffelzwerg klettert auf einen Blätterberg.
Dort hüpft er auf und nieder und singt verrückte Lieder.

Drei knallrote Tomaten kullern durch unsern Garten.
Sie heißen Fips und Finn und Flo und wackeln mit dem dicken Po.

Herr Zwiebel und Frau Paprika verstehen sich ganz wunderbar.
Oft laden sie sich Gäste ein und trinken süßen Apfelwein.

Kleiner Garten

Man braucht:
- Obstkiste
- Erde
- Papier
- Blüten
- Spielfiguren
- Schere

Die Obstkiste mit Papier auslegen und die Erde hineinfüllen. Mit Blüten, Stöckchen und Gräsern einen kleinen Garten anlegen. Den Garten mit kleinen Papierhühnern, Figuren aus Wäscheklammern und einem kleinen Häuschen ausstatten.

Im Bauch der Erde

Die Geschichtenhöhle

Der Bär Bruno lebt in einer Höhle mitten im Wald. Manchmal bekommt er Besuch von seinen Freunden. Bruno Bär überrascht sie gerne mit einer spannenden Bärengeschichte. Dann rücken alle Tiere eng zusammen und finden es in der Bärenhöhle so richtig gemütlich.

Die Kinder bauen aus Stühlen und Decken eine riesig große Bärenhöhle. Ein Kind ist Bruno Bär und darf eine Geschichte auswählen, die in der Bärenhöhle allen Kindern vorgelesen oder erzählt wird.

Flüsterhöhle

In der Flüsterhöhle darf nur geflüstert werden. In diese Höhle legt Bruno Bär sich jeden Winter zum Winterschlaf und hier träumt er die schönsten Träume.

Alle Kinder sitzen im Kreis in einer selbst gebauten Höhle aus Decken. Ein Kind ist Bruno Bär und legt sich mit geschlossenen Augen in die Kreismitte. Es lauscht den Flüsterstimmen der anderen Kinder, die entweder gemeinsam ein Flüsterlied singen oder ein Flüsterwort im Kreis herum sagen. Welches Flüsterlied oder Flüsterwort hört Bruno Bär im Winterschlaf?

Höhlentiere

In einer dunklen Höhle, tief im Inneren der Erde schläft die Kuscheltierbande. Sie zieht sich in ihre Höhle zurück, um nicht zu früher Stunde vom Sonnenlicht aus ihren Träumen geweckt zu werden.

In eine Höhle aus Decken und Kissen werden, ohne dass die Kinder es sehen, fünf Kuscheltiere gelegt. Jedes Kind darf mit verbundenen Augen in die Höhle krabbeln. Es ertastet die Kuscheltiere in der Höhle und errät, welche Tiere das sind.

Tütentulpe

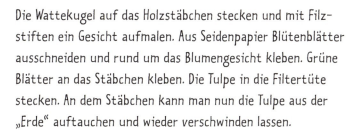

Man braucht:
- Kaffeefiltertüte
- Holzstäbchen
- Wattekugel
- Seidenpapier
- Klebstoff
- Filzstifte

Die Wattekugel auf das Holzstäbchen stecken und mit Filzstiften ein Gesicht aufmalen. Aus Seidenpapier Blütenblätter ausschneiden und rund um das Blumengesicht kleben. Grüne Blätter an das Stäbchen kleben. Die Tulpe in die Filtertüte stecken. An dem Stäbchen kann man nun die Tulpe aus der „Erde" auftauchen und wieder verschwinden lassen.

Auf Vogels Schwingen

Erster Vogelflug

Es ist Frühling. Die kleinen Vogelkinder blicken neugierig über den Nestrand und erwarten gespannt ihren ersten Vogelflug:
Die Kinder hocken auf dem Boden und spielen Vogelküken. Zunächst sitzen sie ruhig, dann machen sie mit den Flügeln Flatterübungen im Nest.

Dann kann es endlich losgehen. Die Vogelkinder verlassen mit ausgestreckten Flügeln das Nest:
Alle Kinder stehen auf, sie breiten ihre Arme aus und flattern los. Sie bewegen sich frei durch den Raum.

Zwei Vogelkinder kommen sich zu nahe. Sie berühren sich mit ihren Flügeln und plumpsen auf die Erde:
Immer, wenn sich zwei Kinder berühren, lassen sie sich kurz auf den Boden fallen, stehen sofort wieder auf und fliegen weiter.

Es kommt ein Sommergewitter, die Vogelkinder suchen den Schutz der anderen Vögel:
Alle Kinder fliegen auf eine Bank und rücken eng aneinander.

Das Gewitter ist vorüber, die Sonne scheint wieder und alle Vögel fliegen hoch in die Luft:
Die Kinder laufen auf Zehenspitzen.

Es ist Herbst geworden. Die Vogelkinder sammeln sich und fliegen miteinander in den Süden:
Alle Kinder mit der gleichen Haarfarbe oder mit der gleichen Hosenfarbe finden sich in Gruppen zusammen und fliegen in einer Vogelformation hintereinander her.

Schwingvogel

Man braucht:
- Papprolle
- Wattekugel
- Federn
- Tonkarton

Die Rolle bemalen und die Wattekugel darin festkleben. Die Federn seitlich und hinten an die Rolle kleben. Schnabel und Füße aus Tonkarton ausschneiden und an dem Vogel festkleben.

Flattervogel

Man braucht:
- festen Karton
- Schere
- Locher
- Schnur
- Tonkarton
- Federn
- Holzstab
- Briefklammern

Aus dem Karton die Teile für den Vogel ausschneiden und bemalen. Mit dem Locher Löcher stanzen und alle Teile mit Briefklammern zusammenstecken. Den Holzstab von hinten auf den Vogel kleben und die Schnur wie abgebildet verknoten. Einen Schnabel und Füße aus gelbem Tonkarton ausschneiden und festkleben und die Federn nicht vergessen.

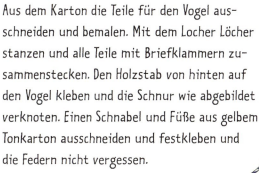

Ein kleiner Wirbelwind

Windgeschichte

Hörst du das Rascheln in den Bäumen
und die Meereswellen schäumen?
Huhu-zisch-pfiff-sausebraus,
ein Wirbelwind fegt um das Haus.

Hörst du die Zimmertüren knallen
und die Mülltonnen umfallen?
Huhu-zisch-pfiff-sausebraus,
ein Wirbelwind fegt um das Haus.

Hörst du die Wäsche draußen flattern
und die Gartentore knattern?
Huhu-zisch-pfiff-sausebraus,
ein Wirbelwind fegt um das Haus.

Plötzlich Stille ringsherum,
der Wirbelwind ist doch nicht dumm,
hat sich leis davongeschlichen,
nun kann ihn keiner mehr erwischen.

Eine Wirbelwindsinfonie

Die Kinder untersuchen unterschiedliche Gegenstände und versuchen, ihnen heulende, zischende, jaulende, klappernde, säuselnde, summende und flüsternde Geräusche zu entlocken. Mögliche Aktionen: Über einen Kamm, in eine leere Flasche, in die Flöte eines Wasserkessels blasen; Silberfolie und Pergamentpapier im Wind rascheln lassen; Luftballons aufblasen und durch die Luft schwirren lassen; die Seiten eines Buchs mit dem Daumen abspulen; ein Seil oder biegsames Plastikrohr schnell durch die Luft schwingen; die Fahrradpumpendüse zuhalten und Quietschmusik erzeugen usw. Mit vielen Windgeräuschen spielen die Kinder gemeinsam eine Wirbelwindsinfonie.

Windgeist

Man braucht:
- weiße Stoffreste
- zwei Knöpfe
- Nadel und Faden
- Watte
- Perlen
- Klebstoff

Die Watte zu einer Kugel zusammenknüllen. Über die Wattekugel ein großes Stück Stoff legen, das zu allen Seiten gleich weit hinunterhängt. Einen langen Stoffstreifen unter den Kopf binden und in die Enden einen Knoten machen. Das werden die Arme. An den Kopf und die Arme werden lange Fäden genäht. Daran wird der Geist bewegt. Jetzt noch Knöpfe als Augen aufkleben und ein paar Perlenschnüre an den Geist knoten.

Mit dem Wolkenschiff unterwegs

Wolkenreise

Heut Nacht im Traume ging ich leise
auf eine weite Wolkenreise:

Ein Schiffchen, weich und federleicht,
das bis in den Himmel reicht,
flog mich einmal um die Welt
ganz umsonst und ohne Geld.

Von oben sah ich Löwen gähnen
in der heißen Steppenglut.
Am Nordpol sprang ein Pinguin
in des Eismeers Wasserflut.

In Indien schlich ein weißer Tiger
durch den Dschungel ohne Hast.
Ein Kamel trug durch die Wüste
eine schwere Reiselast.

In Kanada, im Land der Bären,
gab es Berge voller Schnee.
In unsrem Garten auf der Wiese
saß ein Has' im grünen Klee.

Die Kinder sitzen auf einer weichen Wolkendecke. Sie reisen mit einem Wolkenschiff in ferne Länder und raten, welche Tiere sie von oben entdecken können. Ein Kind sitzt nicht mit den anderen Kindern auf der Decke. Es bekommt die Aufgabe, eine Tierpantomime zu spielen. Das Reisekind, das zuerst das pantomimisch dargestellte Tier errät, spielt das nächste Tier. In welchem Land lebt das Tier, das die Kinder von ihrem Wolkenschiff aus entdeckt haben?

Wolkenballon

Man braucht:
- Kleister
- Luftballon
- Schnüre
- Papier
- Klorolle
- Goldfolie

Luftballon aufpusten, mit Kleisterpapier umwickeln und trocknen lassen. In die Klorolle ein Männchen aus Papier kleben und alles mit Schnüren an dem bemalten und mit Goldsternen beklebten Ballon festknoten.

Wolkenbär

Man braucht:
- Tonkarton
- Klebstoff
- Watte
- Schere

Aus dem Karton einen Kreis ausschneiden und spiralförmig einschneiden. Einen Bär ausschneiden und mit Watte bekleben. Den Bären in die Mitte der Spirale kleben und an einem Faden über einer Heizung aufhängen. Wenn Wärme aufsteigt, fängt der Bär an zu tanzen.

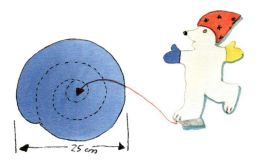

Vorhang auf für Lilli Luftig

Vorhang auf für Lilli Luftig

Die kleine Luftfee Lilli Luftig lebt in einem Luftschloss irgendwo in unserer Luft. Lilli Luftig liebt wirbelige Luftspiele und wilde Luftsprünge. In unserem Luftzirkus können wir mit ihr atemberaubende Luftkunststücke erleben:

Die Kinder basteln aus einer weißen Feder die Luftfee Lilli Luftig. Sie kleben aus weißem Transparentpapier einen Kopf mit einem bemalten Gesicht sowie zwei Arme mit Händen auf die Feder. Damit wir Lilli Luftig in ihrem Luftschloss auch in die Luft werfen können, kleben wir sie an einem Bindfaden in einen kleinen durchsichtigen Plastikbeutel hinein. Jetzt kann sie darin baumeln und die Kinder pusten die Tüte auf. Wenn die aufgeblasene Plastiktüte mit einem Gummi fest verknotet wird, kann die Luft nicht so schnell aus der Tüte entweichen. Nun heißt es: Vorhang auf für Lilli Luftig!

Luftsack

Man braucht:
- Gefrierbeutel
- Tesafilm
- Filzstifte
- Tonkarton

Den Gefrierbeutel aufpusten und oben schnell mit Tesafilm verschließen, damit keine Luft entweichen kann. Mit Filzstiften ein Gesicht aufmalen und Füße aus Tonkarton ankleben.

Kunststücke mit Lilli Luftig

- Ein Schwungtuch oder Bettlaken ist unser Lufttrampolin, mit dem wir Lilli Luftig durch die Luft wirbeln und wieder auffangen können.

- Die Kinder versuchen, ihr Luftschloss durch einen Holzreifen zu werfen, der im Raum oder im Freien aufgehängt wird, und fangen es wieder auf.

- Die Kinder balancieren mit Lilli Luftig auf ihrem Kopf im Slalom um einige Hindernisse herum.

- Die Kinder tanzen mit Lilli Luftig einen Lufttanz, indem sie sich zu zweit vorsichtig eine Lufttüte zwischen die Stirn klemmen und zur Musik tanzen.

- Die Kinder liegen auf dem Rücken, legen sich die Lufttüte auf den Bauch und führen mit ihrem Atmen eine Luftwippe vor. Beim Einatmen hebt sich die Bauchdecke an und Lilli Luftig wippt nach oben, beim Ausatmen senkt sich die Bauchdecke und Lilli Luftig wippt nach unten.

Luftschlösser

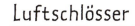

Man braucht:
- Transparentfolie
- Transparentpapier
- Klebstoff
- Schere
- Folienschreiber

Auf dieser Seite sind zwei verschiedene Luftschlösser zu sehen. Das eine wurde mit farbigem Transparentpapier auf Folie geklebt, das andere einfach mit Folienschreiber direkt auf die Folie gemalt. Man kann die Luftschlösser ins Fenster oder draußen auf eine Wäscheleine hängen.

Tief durchatmen!

Zauberpuste-Rätselspiel

Wer möchte einmal ein Pustebild auf eine Glasscheibe zaubern, das innerhalb weniger Sekunden wie durch Zauberei wieder verschwindet? Die Kinder stellen sich an eine Fensterscheibe und pusten sie an. Sie beschlägt, und jetzt malen sie mit ihrem Finger sofort ein Bild in ihre Zauberpuste hinein, denn in wenigen Sekunden ist das Bild wieder verschwunden.

Beim Rätselspiel zieht ein Kind ein Bildkärtchen, auf dem ein Herz, ein Haus, ein Ball, ein Smiley, eine Sonne, ein Stern, eine Blume oder ein ähnlich einfaches Motiv abgebildet ist. Dann malt es das Bild mit dem Finger auf die angepustete Fensterscheibe. Wer das Pustebild als Erstes errät, gibt das nächste Zauberpuste-Rätsel auf.

Pustebär

Der Pustebär hat einen dicken Bauch voll mit Luft. Wenn er schläft, hören wir seine lauten, lustigen Pustegeräusche. Wir laden ihn zu einer Pustestaffel ein.

Die Kinder spielen den Pustebär, der mit viel Luft im Bauch einige schwierige Pusteaufgaben löst: Die Kinder blasen zuerst eine brennende Kerze auf einem Tisch aus, danach pusten sie eine Luftschlange in einen Eimer hinein, sie blasen einen Watteball über eine Tischlänge hinweg sowie fünf Seifenblasen in die Luft. Und zum Schluss pusten sie einen Pusteflieger durch ein Röhrchen über eine Ziellinie. Sind die Pustebären nach den vielen Pusteaufgaben auch schön außer Puste geraten?

Pusteflieger

Man braucht:
- dünnen Karton
- Transparentpapier
- Schere
- Klebstoff
- Papier

Ein quadratisches Stück Papier (10 x 10 cm) aufrollen und zusammenkleben. Ein rechteckiges Papier (7 x 11 cm) so rollen und kleben, dass das andere Röhrchen hineinpasst. Aus Karton einen Vogel ausschneiden und mit Transparentpapier bekleben. Das größere Röhrchen auf die Unterseite des Vogels kleben. Das kleinere Röhrchen dort hineinstecken und pusten.

Pustekönig

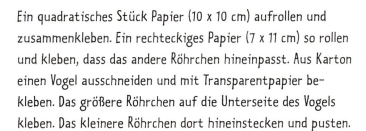

Man braucht:
- einen gemalten König auf Karton
- Luftballon
- Schere

Dort, wo die Nase des Königs sein soll, mit der Schere ein Loch in das Bild hineinstechen. Den Luftballon durchstecken und pusten. Welcher König hat die dickste Nase?

Immer der Nase nach

Duftende Dame sucht duftenden Herrn

Die duftenden Damen haben ihren duftenden Herrn im Gedränge verloren. Sie erkennen sich am gleichen Geruch. Für dieses Riechspiel stehen auf einem Tisch die duftenden Damen zusammen und auf einem anderen Tisch stehen die duftenden Herren. Zu jeder Duftdame gibt es den gleichen Duftherren. Jedes Kind darf sich eine duftende Dame auswählen, schnuppert an ihr und versucht den gleich duftenden Herren auf dem Nachbartisch am Geruch zu erkennen. Die lustigen Damen und Herren duften nach Lavendel, Zitrone, Zimt, Nelken, Zahnpasta, Latschenkiefer, Parfüm, Duschbad usw.

Duftende Dame

Man braucht:
- viele ausgepresste Zitronen- oder Orangenhälften
- Zahnstocher
- Zimtstangen
- Nelken
- Stecknadeln

Die Orangen- und Zitronenhälften einfach übereinander stapeln. Zwei Nelken als Augen in das Gesicht stecken, einen Mund aufmalen und die Zimtstangen mit Stecknadeln an den Seiten feststecken. Wer mag, kann aus Papier noch einen Hut oder einen Schirm aus Apfelsinenpapier basteln.

Zitronella auf Schnupperreise

Der Zitronenfalter Zitronella ist so gelb wie eine Zitrone. Blumen, die nach Zitrone duften sind seine Lieblingsblumen. In einem Spielfeld liegen viele gebastelte Blütenköpfe aus Papier auf dem Boden verteilt. Drei Blütenköpfe werden vor dem Spiel mit einigen Spritzern Zitronenaroma beträufelt, ohne dass die Kinder es sehen. Die Kinder spielen Zitronella, den Zitronenfalter, der auf Schnupperreise geht, um seine Lieblingsblüten zu finden. Jedes Kind flattert durch die Blumenwiese, schnuppert mit der Nase an jeder Blüte und versucht sich die drei zitronig duftenden Blüten zu merken. Haben alle Zitronenfalter ihre drei Lieblingsblumen auf der Wiese erschnuppert?

Zitronenfalter

Man braucht:
- Papier
- Pinsel
- Farben

Zuerst das Papier in der Mitte falten. Dann auf die eine Hälfte einen großen Klecks gelbe Farbe tupfen. Sofort die andere Papierhälfte fest darauf drücken. Papier wieder öffnen und trocknen lassen.

Der kleine Wassermann

Mühlrad springen

Der kleine Wassermann Willibald lebt in einem Dorfteich unter den Blättern einer Seerose. Eine Wassermühle ist Willibalds liebster Wasserspielplatz. Hier denkt er sich viele neue Spiele aus. Mühlrad springen hat Willibald gerade erfunden: Er springt in eine drehende Mühlradschaufel hinein, springt dann mutig weiter, bis er unten ankommt und ins Wasser plumpst.

Die Kinder malen mit Straßenkreide ein Mühlrad auf den Boden. In der Mitte des Mühlrades steht ein Kind mit einem Seil. Es beginnt sich langsam zu drehen und lässt dabei das Seil flach über den Boden gleiten. Ein Kind springt in das drehende Mühlrad hinein. Immer wenn das Seil kommt, springt es hoch. Die anderen Kinder zählen laut die Sprünge. Wer das Seil beim Sprung berührt oder darauf tritt, fällt ins Wasser. Welches Wassermannkind kann am längsten Mühlrad springen, ohne ins Wasser zu fallen?

Im Wasserlabyrinth

Ein Seepferdchen hat sich in den Dorfteich verirrt. Es findet nicht mehr den Weg zurück zum Meer. Der kleine Wassermann verspricht dem Seepferdchen, es zum großen Fluss zu begleiten, der irgendwann wieder ins Meer fließt. Das Seepferdchen nimmt den kleinen Wassermann auf den Rücken und gemeinsam machen sie sich auf die Suche nach dem richtigen Wasserweg. Auf den Boden malen wir mit blauer Kreide ein Wasserlabyrinth oder legen ein Labyrinth mit Seilen. Die Kinder „reiten" auf einem Stock, den sie zuvor mit einem gebastelten Seepferdchen aus Tonpappe beklebt haben, hintereinander durch das Wasserlabyrinth.

Wassermann Willibald

Man braucht:
- kleine Styroporkugel
- kleine Wattekugel
- Stecknadeln
- Klebstoff
- Nagel
- Goldfolie
- Farben
- Buntpapier

Die beiden Kugeln bemalen und zusammenkleben. Haare, Krone und Arme ankleben. Einen Fischschwanz aus der Goldfolie ausschneiden und festkleben. Von unten einen langen Nagel in die große Kugel stecken, damit der Wassermann aufrecht schwimmen kann.

Korkenschwimmer

Man braucht:
- Korken
- festes Papier
- Farben
- Nägel
- Schere

Auf Papier die kleinen Figuren aufmalen. In den Korken einen Schlitz schneiden und die Figuren dort hineinstecken. Unten in den Korken einen Nagel stecken, sodass er gut schwimmen kann.

Hurra, es regnet!

Regenprinzessin Umbrella

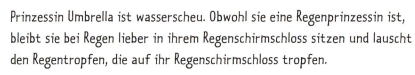

Prinzessin Umbrella ist wasserscheu. Obwohl sie eine Regenprinzessin ist, bleibt sie bei Regen lieber in ihrem Regenschirmschloss sitzen und lauscht den Regentropfen, die auf ihr Regenschirmschloss tropfen.

Ein Kind ist die Regenprinzessin Umbrella und sitzt in der Kreismitte unter einem Regenschirm. Die anderen Kinder sind Regentropfenkinder und sitzen um sie herum. Ein Regentropfenkind schleicht zum Regenschirm, klopft mit dem Zeigefinger dreimal auf den Schirm und sagt: „Klopf, klopf, klopf! Wer tropft auf deinen Kopf?" Kann die Regenprinzessin unter dem Regenschirm das klopfende Regentropfenkind an der Stimme erkennen und erraten?

Regentanz

Die Regenprinzessin Umbrella möchte nicht gerne im Regen stehen. Darum versuchen die Kinder bei diesem Tanzspiel, Prinzessin Umbrella mit einem Schirm vor dem Regen zu schützen.

Ein Kind ist die Regenprinzessin Umbrella. Es hält eine Regenrasselprinzessin in der Hand. Die anderen Kinder halten alle einen aufgespannten Regenschirm in der Hand. Die Musik setzt ein und das Regentanzspiel kann beginnen: Alle Kinder mit Regenschirm tanzen frei durch den Raum und die Regenprinzessin tanzt von Schirm zu Schirm. Das Kind mit dem Regenschirm, unter dem die Regenprinzessin steht, wenn die Musik aussetzt, ist nächste Regenprinzessin oder Regenprinz und bekommt die Regenrassel für den nächsten Regentanz überreicht.

Regenrassel

Man braucht:
- Runde Schachtel mit Deckel
- Schnüre
- Holzperlen
- Rundholzstab

Die Schachtel bemalen. An dem Deckelrand Schnüre befestigen und die Holzperlen an die Schnurenden knoten. Den Rundholzstab durch die Schachtel stecken und fixieren. Den Stab in der Hand immer hin und her drehen, sodass ein rasselndes Geräusch entsteht.

Regenprinzessin

Man braucht:
- Versandrolle mit Deckel
- Wattekugel, Holzperlen
- Silber- und Goldpapier
- Schnur, Scheren
- getrocknete Erbsen
- Holzstock

Den Holzstock durch den Deckel der Versandrolle stecken. Auf den oberen Deckel die Wattekugel als Kopf aufkleben. Die Rolle mit silberfarbenem Papier bekleben. Durch den oberen Rand eine Schnur ziehen und an die Enden die Holzperlen knoten. Die Rolle mit den Erbsen füllen und mit dem Deckel verschließen. Die Rolle am Holzstab tragen und den Regen rasseln lassen.

Wer blubbert da?

Das große Blubbern

Tief im Meer lebt Nessi, das Seeungeheuer. Im warmen Sommersonnenschein macht es sich einen Spaß daraus, Fische, Seepferdchen, Quallen und andere Meeresbewohner zu erschrecken. Wild planscht Nessi dann durchs Wasser und schnaubt dabei so fürchterlich, dass riesig große Blubberblasen aufsteigen.

In eine große Schüssel oder ein Planschbecken füllen wir Wasser. Mithilfe von Strohhalmen oder verschieden langen Schlauchstücken blasen die Kinder Luft ins Wasser und bringen es zum Blubbern. Durch kräftiges Geblubber versuchen sie anschließend, kleine Plastikfische oder andere Schwimmtiere von der einen Seite des Planschbeckens zur anderen zu treiben.

Nessi

Man braucht:
- Styroporhalbkugel
- zwei kleine Wattekugeln
- Farben
- Lackfolie
- Schere
- Stecknadeln

Die Styroporkugelhälfte bemalen und trocknen lassen. Zwei Wattekugeln gelb anmalen und als Augen in den Kopf stecken. Lange Streifen aus der Lackfolie zuschneiden und mit Stecknadeln von innen am Rand des Kopfes befestigen.

Wer vertreibt Nessi?

Die Meeresbewohner wollen sich nicht länger von Nessi ärgern und erschrecken lassen. Deswegen haben sie gemeinsam einen Plan ausgeheckt, um Nessi zu vertreiben.

Ein Kind ist das Seeungeheuer Nessi. Es kniet in einem Planschbecken, das mit Wasser gefüllt ist. Die anderen Kinder versuchen, das Seeungeheuer zu vertreiben. Dazu werfen sie ihm der Reihe nach kleine Softbälle zu. Nessi passt gut auf. Jeden Ball, den es fangen kann, wirft es sofort zurück. Die Bälle aber, die im Wasser landen, muss Nessi liegen lassen. Das Seeungeheuer Nessi ist erfolgreich vertrieben, wenn alle Softbälle im Becken schwimmen. Doch schon naht ein neues Ungeheuer aus Nessis großer Familie. Wer möchte als nächstes Seeungeheuer ins Planschbecken klettern?

Wunderfisch

Man braucht:
- Eihälfte aus Styropor
- Farben
- Moosgummi
- Pailetten
- Schere
- Stecknadeln

Den Fisch bemalen und mit Pailetten bekleben. Flossen und Schwanz aus Moosgummi ausschneiden und mit Stecknadeln am Fisch feststecken. Einen Zwerg aus Moosgummi ausschneiden, zusammenkleben und auf den Fisch setzen.

Eine Wellen-Wasserreise

Uli, der Wassertropfen

Der kleine Wassertropfen Uli möchte so gerne auf den Wellen des Meeres um die weite Welt reisen. In diesem Bewegungsspiel erleben die Kinder zusammen mit Uli eine abenteuerliche Wasserreise, die auf einer Trauminsel endet. Jedes Kind bastelt zunächst seinen eigenen Uli-Wassertropfen aus Moosgummi und lässt ihn in einem Trinkbecher, der randvoll mit Wasser gefüllt ist, schwimmen. Danach sollen die Kinder einen Wellen-Wasser-Parcours mit dem Trinkbecher in der Hand bewältigen, ohne Wasser aus dem Becher zu verschütten. Der Parcours besteht aus mehreren Stationen und am Ende wartet die Trauminsel auf Uli Wassertropfen: ein Tisch mit einer Palme und Sand und einer kleinen Erfrischung für jedes Kind.

Trauminsel

Man braucht:
- leere Schachteln
- Papier
- Klebstoff
- Schere

Die Schachteln bemalen und bekleben, sodass viele kleine Häuser entstehen. Schiffe falten. Dann alles an einem schönen Platz am Wasser aufbauen.

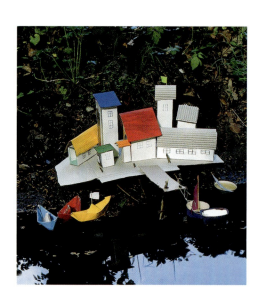

Wellen-Wasser-Parcours

1. Die Kinder verlassen mit Uli Wassertropfen im Wasserbecher den Strand das Ufer und müssen durch eine Kiste mit Sand gehen.

2. Auf einem Slalomweg, den wir mit auf- und abschwingenden blauen Tüchern, Stoffbändern oder Krepppapierstreifen darstellen, tragen die Kinder Uli Wassertropfen übers Meer.

3. Die Kinder gehen durch eine Kiste mit Steinen.

4. Die Kinder erklimmen einen Leuchtturm – die Stufen einer kleinen Haushaltsleiter – und knipsen eine Laterne oder Taschenlampe an.

5. Eine weiche, wackelige Matratze ist ein Segelschiff, mit dem die Kinder ein kurzes Stück übers Meer reisen.

6. Die Kinder müssen zum Schluss durch eine aufgestellte Reihe Wassereimer Wasser treten, um schließlich die Trauminsel zu erreichen.

Leuchtturm

Man braucht:
- Versandrolle
- Wasserglas
- Buntpapier
- Klebstoff
- Teelicht

Die Versandrolle wird mit roten und weißen Streifen wie ein Leuchtturm beklebt. Oben auf die Leuchtturmspitze ein Wasserglas mit einem Teelicht darin stellen.

Tröpfeln, Plätschern, Fließen

Wasserspritzer

Unten am Bach, wo das Wasser über Steine plätschert, leben winzige Wassernixen. Suleika, ein fröhliches Wassernixenkind, liebt es über alles, im und am Wasser herumzutoben. Das Gluckern, Plätschern, Tröpfeln und Fließen des Baches lockt alle Wassernixen zu nassen Spielereien.

Mit bunter Kreide malen die Kinder auf den Boden oder auf einen Bogen Papier kleine Muster und Bilder. Anschließend stellen sie ein bis zum Rand mit Wasser gefülltes Marmeladenglas auf ihr Gemälde. Von einer kleinen Bank oder einem Stuhl aus, die direkt vor den Gläsern aufgestellt werden, lässt nun jedes Kind zehn Kieselsteine in sein Wasserglas plumpsen. Dabei spritzt es kräftig, die gemalten Bilder werden nass und die Farben verlaufen. Wer malt auf diese Weise das bunteste Wasserspritzer-Bild?

Wasser-Nixe

Man braucht:
- Flasche
- Sand
- Wattekugel
- Lametta
- Klebstoff
- Farben
- Pfeifenreiniger
- Perle

Die Flasche zu einem Drittel mit Sand füllen. Die Wattekugel auf den Faschenhals kleben und bemalen. Lamettahaare ankleben und den Pfeifenreiniger um den Flaschenhals wickeln. Wer mag, kann die Nixe noch weiter ausstatten, z. B. mit einer Krone, mit Farben und einer Weihnachtskugel. Die Nixe kann gut schwimmen.

Wasserhörrätsel

In den Mittagstunden ist es am Bach ganz still. Suleika und ihre Freunde lauschen den leisen Wassergeräuschen des Baches und raten kleine Wasserrätsel.

Bei diesem Spiel legen wir in die Kreismitte verschiedene Gegenstände, z. B. einen Becher Wasser, Strohhalme, leere Flaschen, eine Gießkanne, eine Blumenspritze, Steine, Muscheln. Die Kinder experimentieren mit den Gegenständen und entlocken ihnen Geräusche. Sie blubbern mit dem Strohhalm in einem Becher Wasser, werfen Muscheln und Steine in eine Schüssel voll Wasser, schütten Wasser aus der Flasche in einen Becher oder spritzen mit der Blumenspritze. Danach spielen sie ein Wasserhörrätsel. Dazu setzen sich alle mit dem Rücken zur Kreismitte. Ein Kind sitzt im Kreis und erzeugt mit den Gegenständen ein Geräusch. Wer als Erstes den Gegenstand errät, von dem das Geräusch stammt, darf das nächste Wasserrätsel stellen.

Spritzfische

Man braucht:
- leere Spülmittelflaschen
- Farben
- Wasser

Die Flaschen wie Fische bemalen und trocknen lassen. Den Deckel aufschrauben, Wasser hineinfüllen, wieder zuschrauben und losspritzen.

Gefrorenes Wasser

Eiswürfelstaffel

Die kleinen Pinguine am Südpol vertreiben sich die kalte Zeit mit eisigen Spielereien. Putte, der kleinste Pinguin, steckt dabei die anderen Kinder mit seinen lustigen Ideen an.

Die Kinder bilden zwei Gruppen und stellen sich nebeneinander in einer Reihe auf. Am Anfang der Reihe steht eine Schüssel mit ca. 15 Eiswürfeln. Auf ein Zeichen hin nimmt das erste Kind jeder Reihe einen Eiswürfel und gibt ihn blitzschnell an seinen Nachbarn weiter, bis er am Ende der Reihe angelangt ist. Dort werden die Eiswürfel zu einem kleinen Eisberg aufgeschichtet. Welche Gruppe hat zuerst ihren Eisberg fertig?

Eisschollenhüpfen

Vom vielen Spielen sind die Pinguinkinder hungrig geworden. Jetzt versuchen sie, aus dem eisigen Wasser einen Fisch zu angeln. Dazu müssen sie aber zuerst über viele Eisschollen hüpfen.

Mit Kreide wird auf den Boden ein Wasserloch aufgemalt. Um das Loch herum werden strahlenförmig Wege mit sechs großen Kästchen gemalt. Eine gefrorene Eisplatte zerteilen die Kinder in Stücke und legen in jedes Kästchen eine Eisscholle. Dann bilden sie Paare. Ein Kind ist der Pinguin, das andere würfelt mit einem Farbenwürfel. Immer wenn Blau erscheint, darf das Pinguinkind zur nächsten Eisscholle weiterhüpfen. Wer gelangt als Erstes zum Wasserloch? Anschließend tauschen die Kinder die Rollen.

Pinguin auf seiner Eisscholle

Man braucht:

- Filz (schwarz, weiß, gelb)
- Nadel und Faden
- Styropor
- Watte
- Schere
- Stecknadeln
- Klebstoff
- zwei Knöpfe

Zwei weiße Filzstücke übereinander legen und bis auf eine kleine Öffnung zusammennähen. In die Öffnung Watte stopfen und dann zunähen. Aus schwarzem Filz zwei Flügel und ein Kopfteil ausschneiden. Kopf und Flügel direkt auf den weißen Körper kleben. Füße und Schnabel aus gelbem Filz ausschneiden und ankleben. Den Pinguin mit Stecknadeln auf seiner Eisscholle aus Styropor feststecken.

Stadt aus Eis

Man braucht:
- viele Plastikförmchen
- Wasser
- Frostwetter

In die Plastikförmchen Wasser füllen und über Nacht im Kalten stehen lassen. Am nächsten Morgen die Förmchen umstülpen und aus den Formen eine Stadt aufbauen.

Auf dem Wasser bin ich zu Hause

Riesen-Rätsel

Ein Riese, groß wie eine Stadt,
der einen Bauch mit Motor hat.
Im Wasser gleitet er daher
und ist doch viele Tonnen schwer.
Auf weitem Meer fühlt er sich klein,
sag, welcher Riese kann das sein?
(Ozeanriese)

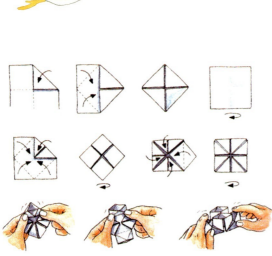

Ein Ozeanriese aus Faltpapier

Ein Ozeanriese ist ein riesiges Schiff, so groß wie eine kleine Stadt. Auf dem weiten Meer ist er zu Hause. Mit einem Ozeanriesen kannst du um die ganze Welt reisen. Aus einem quadratischen Stück Faltpapier in der Größe 40 x 40 cm falten wir nach der Faltanleitung einen Ozeanriesen und malen bunte Streifen auf seinen mächtigen Kamin in der Mitte.

Heut bin ich Kapitän

Käpten Jo ist der erste Mann auf seinem Schiff und seine Matrosen tun immer, was er sagt.

Die Kinder sitzen im Kreis. Ein Kind ist Käpten Jo, die anderen Kinder sind seine Matrosen. Käpten Jo steht auf und fragt: „Kennt ihr Käpten Jo?" Die Matrosenkinder rufen laut: „Nein!" Käpten Jo antwortet: „Käpten Jo macht immer so", und dann macht Käpten Jo eine Bewegung vor, die alle Matrosenkinder nachmachen, z. B. mit dem linken Arm rudern. Frage und Antwort werden wiederholt und im Verlauf des Spiels folgen nach der Antwort „Käpten Jo macht immer so" noch weitere Bewegungen, die sich das Kapitänskind ausdenkt und wieder vormacht.

Flaschenschiff

Man braucht:
- Flasche mit großer Öffnung
- Papier, Malfarben
- Schere, Klebstoff

Aus Papier wird ein Schiff gefaltet, so groß, dass es in die Flasche passt. Ein Kapitän wird aufgemalt ausgeschnitten und das Papierschiff geklebt. Alles zusammen kommt in die Flasche. Deckel zuschrauben und fertig ist das Flaschenschiff.

Sonnenfeuer

Sonnenstrahlenjagd

In der Nacht haben die Nachthexen der Sonnenkönigin all ihre Sonnenstrahlen gestohlen. Traurig steht sie am Himmel und kann nicht scheinen. Das können die Sonnenkinder nicht mit ansehen. Mutig schleichen sie sich davon und holen die Sonnenstrahlen zurück.

Die Nachthexen bekommen um ihre Handgelenke lange gelbe Bänder aus Krepppapier gebunden. Kreuz und quer rennen sie übers Spielfeld. Zwei weitere Kinder sind Sonnenkinder. Die beiden versuchen, den Nachthexen die Sonnenstrahlen zu stibitzen, indem sie die Kreppbänder abreißen und in einen Reifen in der Mitte des Spielfeldes bringen. Haben die Sonnenkinder alle Sonnenstrahlen zurückgeholt, binden sie diese am Reifen fest. Gemeinsam heben sie den leuchtenden Reifen in die Höhe und lassen die „Sonnenkönigin" über den „Himmel" wandern.

Sonne oder Wolken

Aus gelbem Tonpapier schneiden wir eine große Sonne aus und kleben sie mit Tesafilm auf dem Boden fest. Auf der Sonne liegen lose gezupfte Wattebäusche. Sie stellen die Wolken dar, die das leuchtende Licht der Sonne verdecken. Mit etwas Abstand zur Sonne werden zwei Linien gezogen. Hinter der einen sitzen drei Kinder, die Wolkenfrauen, hinter der anderen drei Sonnenkinder. Beide Gruppen bekommen Strohhalme. Durch Pusten versuchen sie nun, die Wolken von der Sonne zu vertreiben bzw. sie dort zu halten.

Geburtstagssonne

Man braucht:

- gelben Tonkarton
- Schere
- Klebstoff
- Filzstifte
- Büroklammern

Einen großen Kreis aus Tonkarton ausschneiden. Zwölf lange gelbe Streifen ausschneiden. Die Streifen hinter den Kreis kleben. Jeder Streifen steht für einen Monat, z. B. 1 = Januar, 2 = Februar usw. In die Streifen die Geburtstage eintragen, aufrollen und mit Büroklammern feststecken. Immer den entsprechenden Monat öffnen.

Sonnenmaske

Man braucht:
- Pappe
- Tonkarton
- Goldspray
- Schere
- Klebstoff
- Rundholzstab

Einen Kreis aus Pappe ausschneiden und goldfarben besprühen. Aus Tonkarton Strahlen ausschneiden und hinter den Kreis kleben. Einen Holzstab von hinten an die Sonne kleben.

Vom Schatten- und Regenbogenland

Der Zauberer Pompidu

Vor vielen Jahren lebte im Regenbogenland, einem sonnigen Farbenland, der böse Zauberer Pompidu. Er hauste in einer dunklen Hütte und liebte die Farbe Schwarz. Pompidu konnte die fröhlichen Menschen im Regenbogenland nicht leiden und dachte nur daran, sie zu ärgern. Eines Tages hatte er mit seinem Zauberstab die Sonne vom Himmel weggezaubert. Aus dem fröhlichen Regenbogenland war plötzlich ein trauriges Schattenland geworden. Alles war nur noch grau und schwarz, sogar die allerliebste Prinzessin Isabella war nur noch eine schwarze Gestalt. Das betrübte ihren Vater, den König Theobald, so sehr, dass er den ganzen Tag auf seinem Thron hockte und weinte. Prinzessin Isabella versuchte ihren Vater ein wenig aufzumuntern, doch nichts half. König Theobald hatte sein Lachen verloren.

Zauberer

Man braucht:
- Pappe
- Filz- und Stoffreste
- Klebstoff
- Holzstöckchen
- Schere
- Briefklammer

Den Körper des Zauberers ausschneiden und außerdem einen Arm. Die Teile mit den Stoffresten bekleben. Den Arm mit einer Briefklammer am Körper befestigen, sodass er sich gut bewegen lässt. An dem Körper und an dem Arm jeweils von hinten ein Holzstöckchen festkleben. Zum Theaterspielen die Stöckchen jeweils in einer Hand halten und den Arm des Zauberers auf und ab bewegen.

Schattentheaterspiel

Im Sonnenschein oder vor einer beleuchteten Leinwand können die Kinder die Geschichte vom bösen Zauberer Pompidu, der Prinzessin Isabella und dem König Theobald mit Stabpuppen als Schattentheaterspiel spielen. Dafür basteln sie die drei Figuren, einen Königsthron sowie eine Sonne aus Papier und kleben sie auf Holzstäbe. Für den weiteren Verlauf der Schattentheatergeschichte benötigen wir noch einen Ball und einen Brunnen aus Papier und für das Ende der Geschichte basteln die Kinder noch einen Prinzen, den sie ebenfalls auf einen Holzstab kleben.

Prinz und Prinzessin

Man braucht:
- leere Plastikflaschen
- Watte
- Wattekugeln
- Klebstoff
- Bunt- und Goldpapier
- Farben
- Pfeifenreiniger
- Schere
- Perlen

Die Flaschen entweder bemalen oder bekleben. Die Prinzessin trägt ein Kleid aus Regenbogenbuntpapier. Auf die Flaschenhälse die bemalten Wattekugeln als Köpfe aufkleben. Wattehaare ankleben und eine Goldkrone aufsetzen. Pfeifenreiniger als Arme um den Flaschenhals wickeln, auf die Enden jeweils eine Perle stecken. Will man diese Figuren auch als Schattenspielfiguren benutzen, kann man an den Armen zusätzlich noch Holzstäbchen befestigen.

Der Spuk und sein Ende

Prinzessin Isabella

Prinzessin Isabella hielt es im traurigen Königsschloss nicht mehr aus. Sie lief in den Garten und spielte mit ihrem schwarzen Ball, der einst ein goldener Ball gewesen war. Als der böse Zauberer Pompidu sah, dass die Prinzessin fröhlich spielte, rannte er wütend herbei und schrie: „Niemand lacht im Schattenland!" Vor Schreck ließ Prinzessin Isabella ihren Ball in den Schlossbrunnen fallen. Pompidu fuchtelte wild mit seinem Zauberstab, und da fiel auch der Zauberstab in den Brunnen. Da erstarrte das ganze Schattenland.

Erstarren

Die Kinder spielen die Bewohner des Schattenlandes und tanzen zur Musik wild durcheinander. Ein Kind ist der böse Zauberer Pompidu, und wenn es seinen Zauberstab hochhält, setzt die Musik aus. Alle Kinder müssen erstarren, und wer am längsten seine Bewegung einfrieren kann, ohne sich zu bewegen, wird neuer Zauberer.

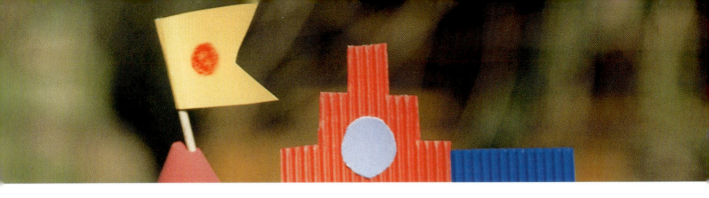

Das Regenbogenland

Der Zauberspuk dauerte viele Jahre. Eines Tages aber kam aus dem Schlossbrunnen plötzlich ein goldener Ball geflogen. Es war Prinzessin Isabellas Ball, der sich am Himmel ein schönes Plätzchen aussuchte und goldene Sonnenstrahlen ins Schattenland schickte. Alle erwachten aus ihrem Zauberschlaf, freuten sich und tanzten. Als die Sonnenstrahlen den bösen Zauberer Pompidu trafen, gab es einen lauten Donnerschlag und er verwandelte sich in einen schönen Prinzen. Das Regenbogenland war endlich von dem bösen Zauber befreit und alle lebten glücklich bis an ihr Lebensende.

Wer fängt den gelben Sonnenball?

Ein Kind steht mit einem gelben Softball in etwa 3 bis 4 Metern Entfernung mit dem Rücken zu den anderen Kindern. Ohne sich umzublicken, wirft es den Ball hinter sich. Die anderen Kinder fangen den Ball und ein Kind hält ihn hinter dem Rücken versteckt. Dann rufen alle: „Eins, zwei, drei, wer hat den gelben Sonnenball?" und nehmen die Hände auf den Rücken. Das Ballwerferkind dreht sich um. Es versucht zu erraten, wer den gelben Sonnenball hat. Rät es richtig, darf es seinen Wurf wiederholen, rät es falsch, ist ein anderes Kind an der Reihe.

Feuer und Flamme

Vorsicht, Flammenkobolde!

Die Flammenkobolde sind ganz wild auf Kerzenfeuer, weil es so schön leuchtet und manchmal auch knistert. Wenn sie auf Funkensuche sind, müssen sie sich nur vor dem Feuerwächter in Acht nehmen.

Die Kinder setzen sich im Kreis zusammen. Sie sind die Flammenkobolde. In der Mitte des Kreises sitzt ein weiteres Kind, der Feuerwächter, mit geschlossenen Augen. Neben ihm steht ein kleines Windlicht mit brennender Kerze. Ein Flammenkobold wird nun schweigend dazu bestimmt, sich ganz leise an den Kerzenwächter heranzuschleichen und ihm das Windlicht wegzunehmen. Gelingt es ihm nicht, ist er in der nächsten Spielrunde der Feuerwächter.

Feuer und Wasser

Der Flammenkobold Florian hat es wieder einmal geschafft, ein Feuerfünkchen zu stehlen. Schnell hat er jedem seiner Koboldsfreunde etwas davon abgegeben. Jetzt müssen die Flammenkobolde es nur noch schaffen, das Licht durch den Bach in ihr Koboldshaus zu tragen.

Die Kinder stellen sich in einer Reihe auf. Jedes Kind hält in der Hand ein Glas, in dem eine kleine Schwimmkerze brennt. Auf dem Boden ist ein Weg gezeichnet oder gelegt, der ins Koboldshaus führt. Hintereinander laufen die Kinder nun los und folgen dem Weg. Vorsichtig tragen sie ihr Licht und achten darauf, dass es im Wasser nicht verlöscht. Wie viel Licht können die Flammenkobolde sicher in ihr Haus bringen?

Nuss-Kobolde

Man braucht:
- Nüsse
- Knete
- Krepppapier
- Klebstoff

Mit der Knete jeweils zwei Nüsse zusammenkleben. Arme und Füße aus Knete formen und ankleben. Eine Mütze aus Krepppapier auf den Kopf kleben.

Stadt der silbernen Schwäne

Man braucht:
- weißen Karton
- Schüssel
- Teelichter
- Alufolie
- Schere
- Wasser

Aus weißem Karton eine Häuserkulisse ausschneiden. Die Alufolie zusammenknüllen und daraus Schwäne modellieren. Eine Schüssel mit Wasser füllen, die Häuser aufstellen, Teelichter und die Schwäne im Wasser schwimmen lassen.

Der Feuerdrache Nepomuk

Wer fürchtet sich vor Nepomuk?

Wer fürchtet sich vor Nepomuk,
dem grünen wilden Drachen,
der Flammen spuckt, der brüllt und schreit
mit seinem Feuerrachen?

Die Kinder stellen sich in zwei Reihen gegenüber auf. Zwischen ihnen liegt ein ca. 1 Meter breiter Gang. Gemeinsam rufen sie den Drachenspruch. Daraufhin versucht ein Kind, der Drache Nepomuk, mit einer brennenden Stumpenkerze in der Hand sein Drachenfeuer sicher durch den Gang zu tragen. Die anderen Kinder geben sich alle Mühe durch kräftiges Pusten das Drachenfeuer auszulöschen. Schafft es Nepomuk, sein Feuer brennend ins Ziel zu tragen?

Drachenlaterne

Man braucht:
- Karton
- Eierpappe
- Farben
- Klebstoff

Eierpappe auf den Karton kleben und Löcher als Maul ausschneiden. Augen ausschneiden, Ohren ankleben und den Karton bemalen. Im Dunkeln ein Teelicht hineinstellen.

Feuerdrache

Man braucht:
- Klorolle
- Klebstoff
- Schere
- Tonpapier
- Wunderkerzen

Die Klorolle bemalen. Kopf und Füße aus dem Tonkarton ausschneiden, Flügel aus Papier falten und alle Teile an der Klorolle festkleben. Wunderkerzen in das Drachenmaul stecken und anzünden, wenn der Drache aus seiner Höhle herausschaut.

Feuriger Drachenstuhl

Der Drache Nepomuk hat sich versteckt. Feuer spuckend will er jeden, der ihn entdeckt, erschrecken.

Im Raum verteilt stehen Stühle, für jedes Kind einer. Unter einen der Stühle wird zu Spielbeginn ein kleiner Drache geklebt. Alle Kinder laufen nun zu feuriger Musik kreuz und quer durch den Raum. Wenn die Musik stoppt, sucht sich jedes Kind einen Stuhl und schaut darunter. Sitzt dort der Drache Nepomuk, muss das Kind ausscheiden und einen Stuhl aus dem Spiel nehmen. Wer schafft es, bis zum Ende des Spiels dabeizubleiben, ohne von Nepomuk erschreckt zu werden?

Von Lichtern und Laternen

Laternenumzug

Ein Mondgesicht hat mir zugelacht
ganz groß und rund, aus Papier gemacht.
Und in der Ferne konnte ich sehen,
dass Sonne und Sterne spazieren gehen.
Hell strahlende Lichter im Abenddunkel,
das war ein wunderschönes Gefunkel!

Sternbilderraten

Lichter und Laternen erhellen mit den Sternen und dem silbernen Mond das Dunkel der Nacht. In den einzelnen, funkelnden Lichtpunkten der Sterne am Himmel haben die Menschen schon vor langer Zeit Bilder erkannt und ihnen Namen gegeben.

Aus gelbem Fotokarton werden viele Sterne ausgeschnitten. Die Kinder sitzen im Kreis zusammen. Eines ist die Sternenfrau und legt mit den Pappsternen ein „Sternbild" auf den Boden, z. B. ein Haus, eine Blume. Alle anderen Kinder versuchen das Sternbild zu erkennen. Wer es als Erstes errät, darf ein neues Sternbild auf den Boden legen.

Der Mann vom Mond

Man braucht:
- gelbe, runde Laterne
- Klorolle
- Männchen aus Papier
- Schnur

An der Laterne wird die bemalte Klorolle mit Schnur befestigt. Ein Männchen wird hineingeklebt. Die beleuchtete Laterne im Baum aufhängen.

Mondlaterne

Man braucht:
- 2 Bogen festes Papier
- gelbes Transparentpapier
- ein Stück Wellpappe
- Schere, Klebstoff

Auf jeden Bogen Papier einen Mond in gleicher Größe zeichnen. Ausschneiden und am Rand mehrere gleichlange Stege stehen lassen. Den Mond mit Transparentpapier bekleben. Die Stege nach innen knicken und aufeinander kleben. Zur Stabilität noch einen Streifen Wellpappe darauf kleben.

Die Autorinnen

Regina Bestle-Körfer studierte Sozialpädagogik und arbeitete in einer Frühförderstelle und danach in einer schulpsychologischen Beratungsstelle. Seit über zehn Jahren ist sie als Autorin und Redakteurin tätig.

Sabine Lohf studierte an der Hochschule der Künste in Berlin und arbeitet als Fotografin, Autorin und Illustratorin für verschiedene Verlage und Zeitschriften. Inzwischen sind viele Bücher in verschiedenen Bereichen von ihr erschienen.

Annemarie Stollenwerk studierte Sozialpädagogik und war zunächst in der Heimerziehung und später im sozialen Brennpunkt tätig. Seit mehr als zehn Jahren arbeitet sie als Autorin und Redakteurin.

© 2002 Christophorus-Verlag GmbH
Freiburg im Breisgau

Alle Rechte vorbehalten
Printed in Germany

ISBN 3-419-53041-2

Jede gewerbliche Nutzung der Texte, Abbildungen und Illustrationen ist nur mit Genehmigung der Urheberinnen und des Verlages gestattet.
Bei Anwendung im Unterricht und in Kursen ist auf dieses Buch hinzuweisen.

Lektorat: Martin Stiefenhofer

Bastelideen, Basteltexte,
Fotos und Illustrationen: Sabine Lohf

Umschlaggestaltung: Network!, München
Layoutentwurf: juhu media Susanne Dölz, Bad Vilbel
Gesamtproduktion: Sabine Lohf/amadeus prepress a. print, Langenhagen
Herstellung: Himmer, Augsburg 2002

Gedicht auf Seite 8 von Annemarie Stollenwerk

Text zum Elfenlied auf Seite 14 von Annemarie Stollenwerk

Verse zum Gemüsetheater auf Seite 16 von Annemarie Stollenwerk

Windgeschichte auf Seite 22 von Regina Bestle-Körfer

Wolkenreise auf Seite 24 von Regina Bestle-Körfer

Ozeanriesen-Rätsel auf Seite 44 von Regina Bestle-Körfer

Gedicht Laternenumzug auf Seite 56 von Annemarie Stollenwerk

In der Reihe Fantasiewerkstatt ist außerdem erschienen:

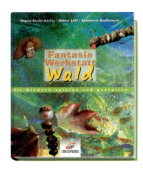

Regina Bestle-Körfer, Sabine Lohf,
Annemarie Stollenwerk:
Fantasiewerkstatt Wald
ISBN 3-419-53040-4